L·k 4666.

RELATION SUCCINTE

DES FETES

DONNÉES à l'occasion du séjour de MONSIEUR, Frere du ROI, à Marseille.

DÈS que l'on eut reçu à Marseille l'agréable nouvelle que MONSIEUR, frere du ROI, devoit nous honorer de sa présence, MM. les Maire, Echevins & Assesseur, donnerent les ordres pour recevoir avec pompe, un Prince aussi digne de l'être.

Ils firent appeller les Corps & les Communautés des Arts & métiers, & les inviterent à vouloir bien, dans, une occasion aussi rare, tâcher de se distinguer. Ils n'eurent pas grand peine à les y engager. Les Marseillois aiment trop leur Souverain & les Princes de son sang, sur-tout quand ils lui touchent de si près, pour avoir besoin d'être excités.

Des fêtes furent ordonnées; & chaque Citoyen, animé du sentiment le plus énergique, a tâché de faire de son mieux.

Le Corps des Marchands, formant la premiere Compagnie de Corps-de-Ville, destinée, suivant l'usage, pour la garde du Prince, au nombre de cent cinquante hommes, prirent l'uniforme de la Maison de MONSIEUR, qui étoit habit de drap écarlate, revers, paremens & collet bleus, avec un galon en argent mat de 12 lignes, veste, culotte & bas blancs, épaulette d'argent. Les Officiers l'avoient double; chapeau bordé d'argent, avec le pouf ou *qu'és-aquo*, en plumes blanches. Ils avoient aussi une musique & des fanfares distinguées. Cet uniforme étoit des plus magnifiques.

Il y avoit aussi les trois autres compagnies des quartiers de la Ville, composée d'Artisans, gens remplis de bonne volonté, & qui se sont distingués par leur zele.

Le Corps des Marchands Orfevres formoit la premiere Compagnie des Milices bourgeoises. Ils avoient un uniforme très-riche, qui étoit, habit écarlate, galonné en or, six boutonnieres à brandebourg; revers, manche & collet bleus; cocarde blanche; veste, culotte & bas blancs; chapeau bordé d'or, avec le pouf ; épaulette en or. Les Officiers étoient diftingués dans tous les Corps par une double épaulette.

Les Corps des Marchands de bas, des cinq Arts de la foie & des Maîtres Tailleurs, qui formoient eux feuls trois Compagnies de cinquante hommes, étoient auffi un uniforme écarlate , & très-magnifique , avec revers ou bleu ou blanc, analogues à leurs drapeaux & à leur cocarde.

Ces Compagnies formoient environ fix cens hommes, d'une propreté & d'une élégance piquantes. Les autres Communautés des Arts & Métiers, au nombre de fix mille hommes, fe diftinguerent auffi par des uniformes très-propres ; les Parfumeurs & les Magafiniers en avoient de très-brillans ; les Serruriers en avoient auffi un d'un goût galant ; enfin, les autres en avoient de différentes couleurs, ce qui formoit un tout très-réjouiffant. Il y avoit plus de quatre mille hommes en uniforme. Plufieurs même fe diftinguerent par leur mufique guerriere. Tous généralement avoient de poufs à leurs chapeaux, dont un très-grand nombre galonnés en or, ou en argent.

MM. nos Magiftrats firent décorer les portes, tant royale, que celle de Rome, de dévifes & d'emblemens analogues à cet heureux événement, qui exprimoient les fentimens des Citoyens. On en trouvera la defcription dans le procès-verbal promis.

La Ville compofa auffi une Compagnie de 34 Meneftriers, ou Tambourins, dont l'uniforme étoit vefte, culotte & bas blancs, chapeau retrouffé, bordé d'or, cocarde bleue & blanche, couleur de la Ville, le tout garni de rubans bleus ; ce qui formoit un fpectacle très-élégant. Le fieur Arnaud, célebre Tambourin, en étoit le chef. On avoit eu foin de choifir les plus habiles, & fur-tout d'une taille avantageufe, & ayant bonne mine.

Le 10 Juin, il y eut une Ordonnance pour inviter les Citoyens à illuminer leurs Maifons pendant toutes les nuits que MONSIEUR nous feroit l'honneur de refter ; & les Maifons devoient être tapiffées dans toutes les rues par où il pafferoit. Les Milices Bourgeoifes devoient être auffi fous les armes pendant le même temps, & border la haie fur tous les paffages du Prince. Mgr. l'Evêque, notre digne Prélat, ordonna auffi de faire fonner toutes les cloches au moment de fon heureufe arrivée.

Nous ne pouvons que louer l'ordre qui a été obfervé pendant ces quatre jours de fêtes ; & nos Magiftrats ont reçu à ce fujet une lettre honorable de la part du Prince, qui caractérife leur zele & leurs foins ; & de fait, dans une

Ville, qui a renfermé pendant ce temps près de cent cinquante mille ames, il n'est rien arrivé de finiftre.

On avoit auffi préparé la grand'fale de la Loge pour pouvoir donner un bal à MONSIEUR ; elle étoit ornée de plufieurs luftres & d'une quantité extraordinaire de bougies ; du côté du Levant on avoit élevé un trône très-bien décoré pour le Prince : & de l'un & de l'autre côté, plufieurs fieges pour les Seigneurs de fa fuite. On avoit ménagé diverfes barrieres pour ne laiffer entrer que des perfonnes de la premiere diftinction. Il y avoit des Corps-de-Garde à chaque barriere compofé des Milices Bourgeoifes. La façade de l'Hôtel-de-Ville étoit remplie de lampions & de pots à feu pour les illuminations. Enfin, on avoit ménagé du côté du nord, & en dehors de la falle du bal, un grand buffet rempli de toutes fortes de raffraîchiffemens.

Si la Ville prépara des fêtes fur terre, elle n'oublia pas de lui en préfenter d'autres fur mer qui étoient & plus rares & plus variées. MM. les Magiftrats prierent M. de Pléville, Capitaine de Port de cette Ville, de vouloir bien les aider dans cette partie, de fes lumieres & de fes foins. Ce digne Citoyen rempli de zele, donna des idées nouves, qui furent fuivies. M. de St. Cefaire, Commandant de la Marine, pour correfpondre aux foins que MM. les Magiftrats fe donnoient, fit afficher un extrait de l'Ordonnance du Roi, pour prévenir les incendies : & les ordres les plus précis furent donnés pour que le moindre fâcheux accident pût être prévenu, & pour y remédier à l'inftant. M. de Pléville fit préparer diverfes felouques, canots, bateaux & chaloupes, au nombre de plus de cent, tous peints de diverfes couleurs : celui pour MONSIEUR étoit magnifiquement décoré, doré & garni d'une tente, avec les rideaux en damas cramoifi : le fecond deftiné pour les Seigneurs de fa fuite, étoit également bien orné : & les autres deftinés pour les premiers Corps-de-Ville, que ce même M. de Pléville avoit invités par billets, étoient auffi très-propres. On avoit eu foin de choifir pour l'équipage des Rameurs du canot du Prince, douze Officiers de Vaiffeaux Marchands, tous Marfeillois, hommes des bonne mine, grands & bienfaits. Ils avoient un uniforme brillant : habit écarlate galonné en or, armés d'un couteau de chaffe, boutonnieres à brandebourg, chapeau abbatu pardevant, bordé d'or, avec le pouf fur l'aîle de derriere, vefte, culotte & bas blancs : le fecond canot étoit auffi fervi par douze Rameurs compofé auffi d'Officiers de vaiffeaux marchands, jeunes & bienfaits : leur uniforme étoit vefte rouge, galonnée en argent, chapeau abbatu par-devant, bordé d'argent, avec le *qués-aquo* attaché au milieu de l'aîle de derriere, culottes

& bas blancs. Les autres canots deſtinés pour les perſonnes diſtinguées avoient auſſi des équipages uniformes moins riches ; & comme les Conſuls des Nations Étrangeres avoient auſſi été invités à cette fête, on avoit préparé des canots ornés des Pavillons de leurs Nations ; ce qui formoit une variété très-bien entendue & très-pittoreſque.

On avoit auſſi choiſi ſoixante Vaiſſeaux des plus beaux que nous euſſions dans le Port, armés de toute leur artillerie, qui devoient former deux lignes paralleles ; ils tenoient depuis le pavillon du Bureau des Claſſes juſques à l'entrée du Port.

Les Prud-hommes des Patrons Pêcheurs, ces deſcendans des antiques Phocéens fondateurs de Marſeille, dont la ſimplicité des mœurs & l'amour pour leurs Souverains fait le caractere propre, qui aiment ſans art & ſans apprêt, voulurent auſſi ſe diſtinguer. Ils préparerent les amuſemens de la pêche, de la Joûte, & de la Bigue.

Ils avoient diſpoſé une Felouque ſuperbe, tentée en damas cramoiſi ; pavillon blanc, avec la flamme de St. Pierre ; les Rameurs Pêcheurs au nombre de 18 ou 20, compoſés des Prud'hommes actuels & des anciens, avoient endoſſé un uniforme unique, & tel que celui qu'ils avoient pris, lorſque Sa Majeſté Louis XIII. d'heureuſe mémoire, honora cette ville de ſa préſence. Il conſiſtoit en un caſaquin, culotte, bas & toque ou bonnet noirs, orné d'un plumache blanc, revers blanc, fraiſe, & une écharpe de ſoye blanche autour de la ceinture : uniforme à peindre, & unique. Celui des Joûteurs étoit veſte, culotte & bas blancs, chapeau de paille jaune retrouſſé par derriere, orné de rubans roſes, avec un plumache blanc. Ils étoient au nombre de 24. tous hommes choiſis. Leur habillement étoit très-galant.

Le 29 Juin, les Troupes Bourgeoiſes ſous les armes, au nombre de ſix mille, ſe raſſemblerent aux allées de Meilhan, rendez-vous général (les Marchands paſſerent en revue le lendemain). Ces Troupes vinrent enſuite défiler devant M. le Marquis de Pilles, Capitaine Gouverneur Viguier, & delà elles allerent défiler à la Loge, devant Mrs. les Maire, Echevins & Aſſeſſeur. Cette marche avoit attiré une foule extraordinaire de perſonnes ſur tout leur paſſage, & ſervoit d'avant-coureur au plaiſir que nous allions goûter.

Enfin le 1er. Juillet, jour à jamais mémorable pour les Marſeillois, les milices Bourgeoiſes ſe raſſemblerent aux allées de Meilhan, vers le midi, & vinrent border la haie dans toutes les rues par où Son Alteſſe Royale devoit paſſer ; ce qui formoit preſque un mille de longueur : c'étoit depuis la porte Royale juſqu'à l'Hôtel de M. de Pilles, rue de Grignan, deſtiné pour le logement du Prince. Cette derniere rue étoit bor-

dée par les 150 hommes du Corps des Marchands destinés à
sa garde.

L'alégresse étoit peinte sur tous les visages ; chacun se fé-
licitoit & étoit hors de lui-même ; & ces sentimens partoient
du cœur.

Sur les quatre heures après midi , Mrs. les Maire , Echevins & Assesseur en habits de cérémonie de damas cramoisi ,
partirent en grand cortege de l'Hôtel-de-Ville , précédés par
leurs Timballiers & leurs fanfarres , leurs Trompettes & leurs
Gardes , & avec les plus notables Citoyens à leur suite , & se
rendirent à la porte d'Aix. M. le Marquis de Pilles s'y rendit
peu après , accompagné d'un nombreux cortege de Gentils-
hommes de cette Ville.

Mrs. les Nobles voulurent aussi montrer leur zele dans une
occasion aussi glorieuse : ils formerent une Compagnie (après
en avoir obtenu l'agrément de qui de droit) à la tête de laquelle étoit M. le Marquis des Pennes , notre très-digne con-
citoyen ; ils avoient pris l'uniforme de Malthe , c'est-à-dire ,
habit rouge , revers , parement & collet blancs , veste , culotte
blanches & en bottines , chapeau avec le pouf ; ils y allerent
à cheval , précédés par un Timballier , deux Trompettes &
deux Hautbois dont les uniformes étoient habit rouge , galonné en argent sur toutes les coûtures & sur les manches , chapeau
bordé d'argent , avec le *qu'es aquo*. Ils mirent pied à terre à la
porte d'Aix ; ils servirent de Garde-du-corps au Prince.

Tous attendirent MONSIEUR hors de la porte Royale. Mrs.
les Maire , Echevins & Assesseur avoient envoyé en avant la
Compagnie des Menestriers ou Tambourins ; & chacun savou-
roit d'avance la joie dont il alloit jouir.

Toutes les maisons , tant celles qui étoient hors de la ville ,
que celles de l'intérieur étoient tapissées ; mais ce qui formoit
le plus beau spectacle , étoit, que tous les chemins , & les rues ,
depuis la Viste jusqu'à l'Hôtel destiné pour le Prince , étoient
remplis d'une populace infinie.

Sur les six heures & quart , MONSIEUR , frere du Roi, arri-
va dans son carrosse à huit chevaux , suivi de plusieurs autres
carrosses remplis des Seigneurs de sa suite. Les Tambourins par
leurs airs champêtres , commencerent à annoncer cette brillante
arrivée. Le Prince y parut sensible.

Arrivé à la porte , M. Richard Assesseur le harangua , & lui
exprima avec éloquence , combien cette Ville étoit honorée &
glorieuse de recevoir dans son sein un Prince aussi auguste ; &
lui offrit les hommages de tous les citoyens.

MONSIEUR mit alors pied à terre. Qu'on se représente une
place des plus vastes remplie de plusieurs milliers de citoyens ,
qui ne cessoient de crier ; *Vive le Roi & Monsieur* ; des bat-

temens de mains réitérés , le son des cloches , celui des trompettes & des fanfares , le bruit des boîtes , & on ne saisira que
foiblement ce tableau.

Pour concourir à l'empreſſement & à l'avidité que chacun
avoit de voir cet auguſte & charmant Prince , il eut la bonté
de marcher à pas lents. Que ce moment fut délicieux pour
nous ! Quand le Prince fut ſous les arcs , ce coup d'œil ,
peut-être unique dans l'Europe , parut l'étonner & l'attendrir.
Il étoit accompagné de M. le Marquis de Pilles , de Mrs. les
Maire , Echevins & Aſſeſſeur , des Seigneurs de ſa ſuite , &
des plus notables citoyens de la Ville , précédé par les Ca-
valiers de la Maréchauſſée , une partie de la Nobleſſe citoyen-
ne dans l'uniforme ci-deſſus cité , l'épée nue ſur l'épaule , précédés auſſi de leurs Timballiers & fanfarres ; & après la ſuite
du Prince venoit une ſeconde partie de la Compagnie des Nobles.

Mrs. les Magiſtrats avoient donné ordre , crainte de quelque
accident , de faire retarder le ſalut des cent boîtes de la porte,
Les carroſſes du Prince & de ſa ſuite venoient après , & les
troupes en haye vinrent défiler devant l'Hôtel du Prince.

Quand MONSIEUR fut au haut du cours vis-à-vis l'Egliſe
de St. Hommobon , où le local eſt plus vaſte , le ſpectacle que
lui préſenterent toutes les maiſons de chaque côté , remplies
de monde aux fenêtres & juſques ſur les toits , ainſi que ſur
le Cours : les cris réitérés & continus d'alégreſſe, les battemens
de mains univerſels , parurent exciter ſa ſenſibilité. Il ne ceſſa
pendant toute ſa marche de correſpondre à la joie que ſa vue
cauſoit , en ſaluant gracieuſement de part & d'autre ; ce qui ne
faiſoit que nous enthouſiaſmer davantage.

Toutes les rues par où il paſſa étoient bordées d'amphitéâtres
pour procurer à un plus grand nombre de citoyens le rare plaiſir
de voir ce beau viſage, ſiege de la bonté & de la nobleſſe. Dès qu'il
fut arrivé à l'Hôtel , M. l'Aſſeſſeur eut l'honneur de le com-
plimenter derechef , & lui témoigna combien les citoyens étoient
flattés de lui offrir leurs cœurs. Mrs. les Maire , Echevins &
Aſſeſſeur eurent l'avantage de lui offrir le préſent d'honneur ,
qu'il daigna agréer. Quelques autres Corps le complimenterent
auſſi. Ceux qui n'y furent pas à temps , le firent le lendemain ,
ſuivant l'uſage.

Demi-heure après il alla à la Comédie , où on lui avoit préparé une piece analogue à cette fête. Il y parut fort ſenſible :
En ſortant il trouva toutes les maiſons illuminées. Il nous paroît inutile de répéter que les Troupes Bourgéoiſes ont toujours
bordé la haye. Il y eut ce ſoir-là grand bal paré dans la Salle
de la Comédie.

Le lendemain 2 du courant , à onze heures du matin , Son

Alteſſe Royale ſe rendit à l'Egliſe Paroiſſiale St. Ferréol , pour y entendre la meſſe. Après , il alla voir les fabriques de fayance des ſieurs Robert & Savy. M. de la Tour Premier Préſident du Parlement de Provence , & Intendant de la Province, eut l'honneur de l'accompagner dans toutes ſes courſes.

A quatre heures après-midi , il alla viſiter la Citadelle & le Fort St. Jean. Arrivé à la Porte Marine de l'Arcenal, on fit une décharge générale de l'Artillerie des Forts. Tous les Vaiſſeaux qu'on avoit fait préparer & ranger en deux lignes étoient pavoiſés de leurs Pavillons , Flammes , & Banderóles , qui voltigeoient dans les airs : le vent qui étoit un peu frais ajoutoit au Tableau qui étoit Pittoreſque. Tous les auttes Bâtimens Marchands qui étoient dans le Port & qu'on avoit fait ranger du côté de Rive-Neuve , au nombre de plus de 1500 , avoient auſſi arboré leurs Pavillons ; toutes les maiſons du Port pleines de Citoyens, ainſi que les Bâtiméns, tant ceux en ligne que les autres, étoient auſſi garnis de món-de, juſques au haut des Mâts : & cés Bâtimens contenoient une quantité de Dames très-bien parées : on ne peut guères concevoir le bel effet que cela produiſoit.

Monsieur entra dans le Canot qui lui avoit été prépa-ré & dont nous avons donné la deſcription ; les Seigneurs de ſa ſuite , ainſi que les autres perſonnes de diſtinction invi-tées entrerent dans les autres. Ces Canots , Bateaux , Félou-ques , & Chaloupes , peintes de différentes couleurs , avec leurs Pavillons, préſentoient un point de vue admirable.

Toutes ces Félouques défilerent au milieu des deux lignes de Vaiſſeaux ; & à meſure que le Prince paroiſſoit, les deux Navires paralleles faiſoient le ſalut de leur Pavillon ; & dès qu'il avoit dépaſſé , ils tiroient leur Artillerie : ce qui conti-nua juſqu'au bout du Port. Le tout ſe fit avec une préciſion qui fait honneur au digne Citoyen qui en avoit donné l'idée.

Arrivé ſur le quai de la Citadelle, Monsieur mit pied à terre. Il y fut reçu par Meſſieurs les Commandant , Major & autres Officiers Principaux ; il alla viſiter cette Fortereſſe dans le plus grand détail ; & afin que les malheureux euſſent part à l'allegreſſe publique, il fit élargir les priſonniers qui lui demanderent merci , & promit de s'intereſſer pour la gra-ce d'un déſerteur qui avoit paſſé par le Conſeil de Guerre : leur recommandant d'une maniere pleine de bonté , de mieux ſe comporter à l'avenir. D'où il ſe rendit au Fort St. Jean. En étant ſorti , il fit la grace aux Prud'hommes , qui l'en ſupplierent de monter à leur Salle d'Audience, où ayant vu ſur le Tableau qui repréſente la pêche qu'ils eurent l'honneut de donner à Louis XIII de glorieuſe mémoire, que ce Prince embraſſoit un Prud'homme, il voulut l'imiter.

Il alla auſſi viſiter la Conſigne, où on lui montra le beau bas-rélief du Puget. Il parut très-ſatisfait partout, & la bonté de ſon cœur s'exprimoit avec cette grace qui lui eſt naturelle. Il vint à pied le long du quai juſqu'aux Auguſtins, ſe faiſant un plaiſir de répondre à l'empreſſement des Citoyens qui ſe précipitoient les uns ſur les autres pour pouvoir jouir de la vue d'un Front auſſi Auguſte.

En paſſant il entra dans la Galere qu'on avoit armée exprès de toutes ſes Mâtures & Rames ; on fit faire les évolutions ordinaires. Il eſt inutile de dire que l'Artillerie ne ceſſa de tirer pendant tout le temps qu'il parcourut les Forts, & qu'il fut ſur le Port.

Il alla au Concert, qui ce ſoir-là étoit des plus brillans, par le concours des Dames qui avoient mis tout l'art que les Marſeilloiſes ſavent ſi bien employer dans leurs ajuſtemens dans lequel ils excellent. On y chanta des Couplets analogues aux ſentimens d'Alegreſſe de joie & de vénération que cet aimable Prince a inſpiré à tous les Citoyens, compoſé par un de nos Compatriotes que la modeſtie nous empêche de nommer. Les voici :

AIR du Vaudeville des Mariages Samnites.

UN Prince auguſte dans ce jour
Se plaît à ſourire à nos fêtes,
Et tous nos cœurs ſont des conquêtes.
Que lui préſente notre amour.
L'encens que ſon ame déteſte
Ne fumera point à ſes yeux,
Mais nos regards parleront mieux,
Et notre cœur dira le reſte.

Quand il nâquit ce Rejetton
D'un Roi, l'idole de la France,
Ce fut vous, heureuſe Provence,
Dont ce nouveau Lys prit le nom ;
Jaloux de ce préſent céleſte
Nos cœurs entouroient ſon berceau,
Nos vœux hâtoient un jour ſi beau,
Et les deſtins feront le reſte.

Nos yeux avides cherchent tous
Celle que le Dieu d'hymenée
Joignit de ſa main fortunée

Au plus adoré des Epoux.
Ses vertus , qu'un voile modeste
Voudroit en vain nous dérober,
Comment ofer les célébrer ?
C'eft notre cœur qui dit le refte.

Ah ! quel moment délicieux !
Nous fentons le même délire ,
Le plus tendre amour nous infpire ;
Le plaifir brille dans nos yeux ;
Prince aimable , tout vous attefte
Un zele qui n'eft pas fufpect ;
Mais avertis par le refpect,
C'eft notre cœur qui dit le refte.

C H Œ U R

Sur l'air : *des Filles Samnites.*

Tour-à-tour ,
En ce jour,
Qu'un même accord nous infpire ;
Oui , viens-lui dire
Nos vœux & notre amour ;
Ce fentiment fi tendre
A des droits fur fon cœur ;
C'eft le feul qui peut lui rendre
La douce image du bonheur.

Le Prince parut y prendre beaucoup de plaifir ; & les cho-
fes gracieufes qu'il dit à toutes les Dames en parcourant la
Salle , fervirent encore d'aliment à notre enthoufiafme.

Etant forti du Concert, MONSIEUR auquel on vouloit
faire voir notre nouvelle promenade des Allées de Meilhan,
ce que le vent incommode par la pouffiere qu'il occafion-
noit , derangea, revint à l'Hôtel-de-Ville pour y jouir du
Spectacle de l'Illumination projettée, & qui eut le plus heureux fuccès. MM. les Maire Echevins & Affeffeur eurent
l'honneur de le recevoir à la porte de la Salle de la Loge,
au fon des Trompettes & des Fanfarres.

On avoit placé fur le penchant de la montagne de Notre-
Dame de la Garde, en perfpective de la Loge , plus de
3000 Barrils goudronnés, formant une figure triangulaire ;
dès que le Prince fut au Balcon de l'Hôtel-de-Ville, on y

mit feu, de façon que ce feu serpentant d'un Barril à l'autre avec une rapidité extraordinaire ressembloit à une espece
de Lave enflamée qui se communiqua partout dans un instant. Ces Barrils étoient rangés de maniere que la flame que chacun
jettoit, se joignant dans les airs, ne formoit qu'un seul &
même embrasement. Par intervales de 5 minutes, un coup de
Bombe annonçoit l'éruption : il sortoit dans l'instant du som-
met de ce feu une vaste flame, qui s'étendant dans les airs
avec une rapidité étonnante, & s'éparpillant ensuite en serpentant, couvroit & jettoit des étincelles à une distance
considérable ; le vent qui souffloit beaucoup cette nuit aug-
mentoit le volume des flames & ajoutoit à l'illusion du
Volcan. Après un pareil intervale, un coup de Canon tiré
vers la mer dont le bruit sourd paroissoit sortir d'un sou-
terrain, & annonçoit une moindre éruption, on voyoit
s'élever simplement une ou deux fusées qui s'élançoient beaucoup moins ; ensuite succédoient ces effrayantes irruptions
qui sembloient vouloir embraser le Ciel & la Terre, offrant
aux yeux éblouis l'image d'un véritable Volcan.

On avoit aussi rangé devant la Loge trois beaux Vaisseaux,
un en face présentant le travers ; les deux autres sur les aîles,
étoient vus en poupe ; celui de la droite étoit illuminé de
façon qu'on voyoit un Navire allant vent arriere, & les
voiles étoient marquées en feu ; celui de la gauche paroissoit au mouillage ; toutes ses manœuvres étoient illuminées :
celui de la perspective n'avoit que les petites voiles latines
ou d'étai au vent, toutes en lampions. Le coup-d'œuil que ces
trois Navires formoient, meritoit d'être observé. Tous les
Bâtimens du Port avoient placé un grand Fanal au haut de
leurs Perroquets : ce qui dans l'obscurité paroissoit augmenter
le nombre des Etoiles du firmament, & se reproduisant dans
les eaux, formoit un tapis étoilé & rayonnant. Ajoutez à
ces prestiges une quantité infinie de Fusées de toute espece,
qui sortoient tantôt de l'Arsenal, tantôt de la Place de la
Loge, ensuite des Galeres, & des Vaisseaux illuminés ; & on
conviendra que cette Fête étoit capable de plaire au Prince :
aussi daigna-t-il en témoigner son contentement. Le Prince,
en se retirant vit aussi les illuminations des maisons, qui
ce soir-là surtout étoient encore plus brillantes. Il vit aussi
avec plaisir dans toutes les Places une Populace immense,
qui dansoit au son des Tambourins à la Marseilloise, & des
feux de joie dans tous les endroits où on avoit pu en pla-
cer sans danger. Les mêmes Bals continuerent le lendemain
dans toutes les Places de la Ville. L'allegresse étoit complette.
Il y eut ce soir-là Comédie *gratis* ; dont le Sieur Dohet Di-

recteur, non moins empreſſé que les autres Citoyens à témoigner ſon zele, regala le Public.

Le 3. MONSIEUR fut entendre la Meſſe à l'Abbaye St.
Victor. Il fut de là viſiter la fabrique de rafinerie de ſouffre
des ſieurs Farrenc & Martin. En allant & revenant il fut ſa-
lué de toute l'artillerie.

Sur les quatre heures après midi , ce jour étant des plus
favorables, le Prince deſcendit ſur le quai où on l'attendoit ;
& afin de varier les points de vue , on avoit fait rapprocher
les vaiſſeaux rangés en ligne, qui étoient pavoiſés comme la
veille, de ſorte que ſon Alteſſe Royale pouvoit jouir en mê-
me-temps du point de vue du quai & de toutes les maiſons
garnies de monde , & de celle des vaiſſeaux qui étoient tous
rangés du coté de riveneuve & auſſi garnis de monde juſques ſur les vergues, La canonade ne ceſſa point pendant
tout le temps qu'il reſta en mer. Il étoit accompagné de plus
de 500 canots , ou felouques, bateaux, chaloupes pleins d'un
monde choiſi : ce qui formoit une eſpece de ville flotante très-
agréable à voir, par la variété des couleurs des canots, &
des pavillons, Le canot conduiſit le Pince à la plage du Pharo,
lieu que les Patrons Pêcheurs avoient choiſi pour la pêche.
Les rives du fond du Pharo étoient bordées par les milices
bourgeoiſes qui avoient pris l'uniforme écarlate, au nombre
de 500 hommes ; les cotés lattéraux & le fond de cette
plage formant une eſpece d'amphithéâtre en fer à cheval,
garnis de perſonnes de la plus haute diſtinction ; & à la barriere qui bordoit l'entrée de ce petit golfe, étoit un très-
grand nombre d'autres bateaux , de canots , de chaloupes
remplis d'un monde infini ; ce qui formoit un tableau des
plus pittoreſques, Les Prud'hommes avoient auſſi formé un ra-
deau fort vaſte dans le fond de cette plage, qui touchoit à terre, ſur lequel ils avoient dreſſé une ſalle verte , compoſée
de huit colonnes couvertes de Mytthe, & entrelaſſées de fleurs
& de lauriers d'une élégance & dans un ordre d'architecture
agréable, pouvant contenir 50 perſonnes, & y avoient placé
un riche fauteuil pour ſon Alteſſe Royale.

Dès que MONSIEUR fut arrivé à la vue de la plage, il
parut ſurpris du coup d'œil ; & de nouveaux cris d'allégreſſe
& de joie firent retentir les airs. Le canot s'approcha du
petit mole de la fabrique de ſavon ; celui des Prud'hommes
richement orné en damas cramoiſi battant Pavillon de St. Pierre,
& avec les rameurs compoſés des Prud'hommes dans l'uniforme unique déja cité, étoit de l'autre coté de ce petit
mole.

Dès que le Prince eut mis pied à terre ſur le mole, les
patrons Pêcheurs l'enleverent dans leurs bras, & le porterent,

(12)

fans fe laiffer toucher à terre ; & comme ils l'entrerent dans
leur Felouque, ce petit mouvement agitant un peu le batteau,
fembla donner quelque émotion au Prince : un de ces Prud'-
hommes lui dit pour lors dans fon langage provençal : *moun Prince, n'aguès ges de poou ; fias eici eme voueftreis bouens amis.* Dès que MONSIEUR fut dans la felouque , où
on avoit placé un beau fauteuil garni en damas cramoifi ,
il demanda : Eh bien, papa, ferons-nous bonne Pêche, maître
Carle, premier Prud'homme repondit avec une préfence d'ef-
prit admirable , & toujours en idiome provençal : *Ah moun Princé, fera ben huroufo , fe pouden pefca voueftre couer.*

Ils eurent l'honneur alors de lui préfenter un magnifique
habit de pêche en moire d'argent, & tel qu'ils l'avoient of-
fert à Louis XIII , lors qu'ils eurent l'avantage de lui offrir
la même fête. Le Prince daigna l'accepter ; il le portera à
la Cour ; & cet habit lui rappellera fans doute notre zele
& nos fentimens. La joie & l'allégreffe s'étoient tellement
emparées du cœur de ces braves hommes , qu'ils ne ceffoient
de crier de toutes leurs forces: Vive le ROI & MONSIEUR.
Nous fommes affurés que ces élans peu équivoques de cet
amour naturel & vraiment éloquent durent émouvoir le cœur
fenfible de cet illuftre Prince.

Dès qu'il fut arrivé à l'endroit où étoit le refervoir, les
Prud'hommes eurent l'honneur de lui préfenter un trident ar-
tiftement travaillé de fin acier, damafquiné en or, pour la
pêche. Le premier coup de trident que fon Alteffe Royale
porta dans le refervoir , amena un poiffon, que ce digne
Prince daigna montrer à tout le monde : ce qui fit retentir
de nouveau les airs de cris de Vive le ROI & MONSIEUR ,
& d'un battement de mains général. Il en pêcha plufieurs
autres, foit au trident , foit à la ligne ; & cet amufement
parut lui être fort agréable.

La pêche finie , les Patrons pêcheurs tirerent le canot
vers la falle verte préparée, & dont nous avons fait men-
tion ci-deffus. Après que fon Alteffe Royale s'y fût un peu re-
pofée, il rentra dans le canot des Prud'hommes , & revint
au mole pour fe rembarquer dans fon premier canot. Le pro-
jet des Prud'hommes avoit été de ramener le Prince fur cette
falle verte & flottante à la remorque jufqu'à l'endroit où
étoient les jeux de la joute & de la bigue : mais ils craignirent
de caufer quelque émotion à ce Prince l'idole de nos cœurs.

S'étant rembarqué, le canot le ramena à l'entrée du
port, tout près de la configne , où on lui avoit préparé
une grande falle flottante, couverte d'une tente, & ten-
due en damas cramoifi, capable de contenir quarante perfonnes, pofée fur deux pontons réunis. Il y prit l'amufement

des jeux de la joute & de la bigue pendant près d'une heure: ces amusemens parurent le réjouir. Il gracieusa avec cet
air noble & qui lui attire tous les cœurs, toutes les Dames,
qui étoient autour de lui. Il témoigna aux Prud'hommes des
patrons pêcheurs une satisfaction complette : ce qui fit retentir
de nouveau les airs de cris d'allégresse. De retour de ces
fêtes marines, il alla à la comédie, & fut salué en repas-
sant de toute l'artillerie.

A onze heures & demie du soir, il honora de sa présence
le bal que Mrs. nos Magistrats lui avoient préparé dans la
grand'salle de la bourse. Ils eurent l'honneur de le recevoir à
la porte, comme la veille.

Dès que MONSIEUR fut dans la salle, les applaudissemens
recommencerent avec plus de vivacité. Il y repondit, en
saluant à droite & à gauche avec son air affable. Arrivé à sa
place, le bal commença : il eut la bonté de faire tout le tour
de la salle & de dire mille choses flatteuses aux Dames. Il
revint ensuite se remettre à sa place ; & après y avoir resté
quelque-temps, il se retira.

Il nous paroît inutile de répéter ici que pendant les trois nuits
que Son Altesse Royale nous a fait l'honneur de rester en cette
Ville, toutes les maisons étoient illuminées.

Enfin le vendredi 4 du courant, vers les dix heures & demie, MONSIEUR alla à la messe à la Cathédrale. Mgr. l'Evêque,
à la tête de son Clergé, l'attendit à la porte de l'Eglise, où
il le complimenta, & eut l'honneur de le conduire au Chœur.
Après quoi MONSIEUR entendit la messe, pendant laquelle on
exécuta un motet en grande symphonie, ainsi qu'on l'avoit fait
aux autres Eglises.

Après la messe, MONSIEUR vint visiter la fabrique à savon,
sise hors de la porte d'Aix, appartenant au sieur Tarteiron. Il fit
des questions au Directeur de cette fabrique si analogues à cette fabrication, que celui-ci en parut surpris. Il connut, au premier aspect, la soude : ce qui montre combien cet aimable Prince
s'applique à des objets utiles. Son Altesse Royale monta dans
l'attelier où l'on fait sécher le savon, & y vit avec satisfaction toutes les opérations de cette fabrication. Il y demeura
près de trois quarts d'heure.

Le Prince vint à pied jusqu'à la porte Royale, monta en
carrosse, & fit l'honneur à Mgr. l'Evêque de dîner au Palais
Episcopal, où il y eut diverses tables, tant pour MONSIEUR &
les Seigneurs qui y furent admis, que pour tous ceux qui avoient eu
l'honneur de l'accompagner. Enfin à deux heures moins un quart,
après avoir témoigné à Mgr. l'Evêque toute son estime, (ainsi
qu'il l'avoit fait en toute occasion à M. le Marquis de Pilles,
Capitaine Gouverneur-Viguier de cette Ville, qui avoit eu

l'honneur de le loger ; & à Madame sa digne Epouse) il re-
monta en carrosse pour aller à Toulon. Les rues par où il pas-
sa étoient encore remplies de citoyens qui témoignoient leurs
regrets, & faisoient des vœux au Ciel pour la conservation d'un
Prince aussi digne de l'être.

Lorsqu'il fut à la porte de Rome, qui étoit aussi décorée d'ins-
criptions & d'emblêmes analogues à cette douloureuse sépara-
tion, MM. les Maire, Echevins & Assesseur en robe rouge,
eurent l'honneur de le saluer. Il le fut aussi par une salve de
cent boîtes & par le canon des forts. Les dehors de la porte de
Rome étoient garnis d'une populace immense, qui, pendant son
séjour dans cette heureuse Ville, ne s'étoient pas lassés de le
voir, de le revoir & de l'admirer.

De la porte de Rome jusqu'à la place Castellane le peuple
ne cessoit de crier, les larmes aux yeux, en s'adressant aux Seigneurs de sa suite, & en langage provençal, qui est très-éner-
gique : *Conserva-nous lou ben aqueou beou Prince, aquello bello*
caro d'or ; aguès-n'en ben souin. Ce que le Prince s'étant fait
expliquer, il en fut si ému qu'il ne put y tenir. Il se mit à
battre des mains, & sortit à la portiere de son carrosse, en
criant par trois fois : *Vive Marseille & ses habitans ;* ce qui
fit encore retentir les airs de cris de *Vive le Roi & Monsieur.*
Le peuple étoit si enthousiasmé, qu'il le suivit jusqu'à St. Loup,
ne pouvant se résoudre à le quitter.

Il emporte avec lui nos regrets : trop digne de notre amour
& du plus pur hommage de nos cœurs : trop heureux nous-mê-
mes d'avoir pu mériter son estime & son approbation. Si nous
l'aimions sans l'avoir vu, qu'on juge de notre amour après
avoir connu les excellentes qualités d'un cœur aussi noble, aussi
vertueux & aussi sensible. Vivez, vivez Prince, l'idole de nos
cœurs. Nous ne perdrons jamais le souvenir d'un aussi rare
bienfait.

DETAIL PARTICULIER de ce qu'on a fait à la Comédie, lorsque MONSIEUR, l'honora de sa présence, le 1. & le 3. Juillet.

NOUS penfons que les témoignages redoublés d'allégreffe publique, cette joie vive & qui éclatoit dans les yeux de plufieurs milliers d'habitans raffemblés fur les pas de cet Augufte Prince, offrirent à fa belle ame un fpectacle affez piquant pour lui faire oublier la fatigue que le trajet qu'il fit en traverfant la Ville devoit lui caufer. A peine arrivé à l'Hôtel de M. le Marquis de Piles où fon logement étoit établi, il voulut bien, en s'acheminant vers la Salle des Spectacles, fe montrer de nouveau aux Citoyens empreffés de jouir de fa préfence. Les Comédiens avoient préparé, à cette occafion, une petite Comédie intitulée : *le nouveau Noftradamus, ou les Fêtes Provençales* du fieur *Collot d'Herbois*, ornée de plufieurs divertiffemens. Cette piece devoit être précédée du *Bourru Bienfaifant.* Le Prince ayant défiré voir *la Rofiere de Salenci*, on commença par les *Fêtes Provençales* ; plufieurs traits de cet Ouvrage, ainfi que les Couplets tous analogues à la circonftance, furent faifis avec une chaleur vraiment Nationale, & applaudis avec tranfport. On repréfenta enfuite *la Rofiere de Salenci* ; quoique ce changement de piece parut prefqu'impoffible dans ce moment, la vigilance des perfonnes prépofées, & l'activité des Acteurs, contribuerent à le faire exécuter avec promptitude ; de maniere que le Prince dont le goût pour les vrais talens & les arts eft connu, daigna en témoigner fon contentement. Le fieur d'Herbois eut l'honneur de lui préfenter la Piece qu'il avoit compofée, & en reçût des marques particulieres de fatisfaction. Le Mercredi 2. Le fieur Donet Entrepreneur du Spectacle, jaloux de fignaler fon zele Patriotique, fit donner gratuitement une répréfentation de *la Partie de Chaffe d'Henri IV.* Nous obferverons que ce procédé eft d'autant plus digne d'éloges que l'affluence des Etrangers dans notre Ville pouvoit lui affurer ce jour-là une très-bonne recette. Le Jeudi 3. MONSIEUR honora une feconde fois le Spectacle de fa préfence ; on joua *la Belle Arfene* ; le nombre des Billets avoit été fixé : l'Affemblée fut nombreufe, choifie & brillante ; la Piece, donnée avec tout le détail & la pompe qu'elle exige, fut bien jouée & très-applaudie.

A MARSEILLE,

Chez JEAN MOSSY , Imprimeur du Roi , de la
Marine & Libraire au Parc.

M. DCC. LXXVII.

AVEC PERMISSION DES SUPÉRIEURS.